PROGRAMME
DU GRAND CONCERT
VOCAL ET INSTRUMENTAL

Donné au bénéfice et pour le soulagement des vingt-deux mille Républicains Français prisonniers en Angleterre, par la Société lyrique des Artistes et Amateurs de la Commune de Perpignan, le 20 Pluviôse de la VI.ᵉ année républicaine, à l'occasion de la Paix sur le Continent.

SOUS LES AUSPICES DES CORPS ADMINISTRATIFS.

PRIX : soixante-quinze Centimes, (ou 15 Sols.)

IMPRIMÉ à cinq cents exemplaires, à vendre au profit des victimes de l'inhumaine barbarie de PITT.

A PERPIGNAN,
De l'Imprimerie de J.-G. JULIA, place Laborie.

AN VI.

APPEL à la sensibilité fraternelle des bons Patriotes Français.

RÉPUBLICAINS, qui suivez du plaisir
  Les illusions passagères,
Ce jour vous en offre UN plus solide à saisir
Dont les impressions ne sont point mensongères :
  Qu'avec transport, l'on vous voie accourir,
   Sensibles aux maux de NOS FRÈRES,
   Empressés à les secourir ?
Les traces d'un bienfait ne sont jamais légères ;
Il gravé au fond des cœurs le plus doux souvenir. (*)

―――――――――――――――――――――

(*) *Nota.* Ces vers étaient sur l'affiche.

PRÉCIS DU PROGRAMME.

Le Concert est divisé en deux Actes.

1.ᵉʳ L'Acte de la Paix.
2.ᵉ L'Acte de la Guerre au Gouvernement Anglais.

Dans le 1ᵉʳ Acte, l'on a exécuté,

1.º *Une Symphonie* de caractère de Fête guerrière.
2.º Les rapides Exploits de la Grande Armée d'Italie dirigée par son Grand Général en chef; *paroles parodiées sur le chant du Tournoi de la Belle Arsène*.
3.º *L'Andante de la Symphonie.*
4.º Le Prix de la Gloire des Armées Républicaines Françaises; *paroles parodiées sur le chant du 2.ᵉ Chœur de la Belle Arsène*.
5.º *Le Presto de la Symphonie.*
6.º Le Retour de la Paix; *paroles parodiées sur le chant de la grand Ariette d'Arsène;*
7.º L'Harmonie de la 29.ᵉ demi-Brigade a exécuté le Quatuor de Lucile. Où peut-on être mieux qu'au sein de sa famille.
8.º L'Hommage à la Paix; *paroles parodiées sur le chant de la chass de Didon.*

Dans l'Entr'acte, l'on a exécuté

Le Cri du Sentiment fraternel, hommage à nos Frères prisonniers; *paroles parodiées sur le chant de l'air de Thésée à Œdipe, Colone.*

Dans le 2.ᵉ Acte, l'on a exécuté,

1.º Le Commencement de la Bataille de Jemmappe, interrompu après les premières mesures de l'*Hymne sacré*... par

2.º Un Cri de guerre; *paroles parodiées sur le chant du Chœur récitatif de la Caravane, à l'approche des Arabes.*

3.º Le dernier Mot du Peuple Français au Peuple Anglais; *paroles parodiées sur le chant de l'air du Charbonnier de la Belle Arsène.*

4.º Le Fond du cœur d'un Agent de Pitt; *paroles parodiées sur le chant du Trio de la Caravane, après la victoire sur les Arabes.*

5.º La Confidence PUNIQUE de Pitt au Directoire exécutif de la République Française, et la Réponse FRANCHE du Directoire à Pitt; *paroles parodiées sur le 1.ᵉʳ air d'Husca, dans la Caravane.*

6.º La première et dernière entrevue de Bonaparte avec Pitt; *paroles parodiées sur le chant du Duo d'Iarbe et Énée, dans Didon.*

7.º Le Débarquement de l'Armée D'ANGLETERRE aux bords de la Tamise; *paroles parodiées sur le chant du Chœur de l'annonce des Maures, dans Didon.*

8.º Les Couplets, *Tremblez Tyrans*, de l'Hymne sacré, en *Solo*; le Refrein en Chœur; l'Hommage à la Liberté, *Amour sacré de la Patrie*, en Chœur religieux.

9.º La Continuation de la Bataille de Jemmappe; Reprise *au pas de charge* jusqu'à la fin.

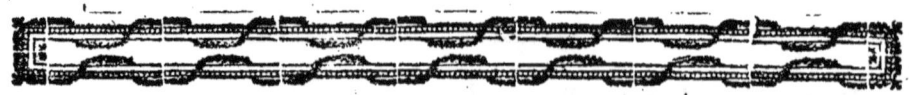

PROGRAMME DU CONCERT.

ACTE PREMIER.
LA PAIX.

1.º
Une symphonie de caractère de fête guerrière.

2.º
Les rapides Exploits de la Grande Armée d'Italie dirigée par son Grand Général en chef.

Un Hérault d'armes.

(Chant du tournoi, d'Arsène.)

Au bruit des tambours, des tymballes,
Au son des clairons, des cymballes,
Du chef de nos jeunes héros,
Suivez au vol la brillante carrière....
Ses grands exploits sont peints sur sa bannière,
Dans la moisson de cents drapeaux.
Il part des frontières de France,

Piémont, il te franchit d'un pas....
Lodi, sur ton pont il s'élance....
    Milan, *Parme*, *Plaisance*,
    Recevez nos soldats ;
    Naples, *Rome* et *Florence*,
    Ne les irritez pas ?
Mantoue, en vain un grand lac t'environne !
Arcole, à MARS rends *Venise* et *Vérone* ?
Mont Tyrolien, frémis ! sa foudre gronde, tonne !
Vienne, vois ces éclairs, crains ces éclats, frissonne !...
    Triomphe !
    Triomphe !
    Aux rapides succès,
    Aux éclatans hauts-faits
    Du nouvel Alexandre. (*bis.*)
L'Autriche et l'Italie à ses lois vont se rendre....
    Le Héros... leur donne LA PAIX. (*bis.*)

3.º

L'andante de la symphonie.

4.º

LE PRIX DE LA GLOIRE DES ARMÉES RÉPUBLICAINES FRANÇAISES.

(Chant de l'air et du 2.º Chœur de la Belle Arsène.)

Le Coryphée, *un Administrateur*, Chœur *de Citoyens* et *de Citoyennes de tout âge.*

LE CORYPHÉE.

LE FRANÇAIS jouit bien des fruits de la victoire ;
    De leur partage, il fait sa volupté :

Aux Nations il rend la liberté;
LA PAIX et leur amour sont le prix de sa gloire.

Le Chœur (*reprend*),

LE FRANÇAIS, etc.... Gloire.

LE CORIPHÉE.

Braves guerriers,
A vos lauriers
L'on a tressé cent couronnes civiques.
Des plages du *Texel* aux Bords *Adriatiques*,
Comme l'on goûte vos bienfaits !
Vos élans ébranlaient la terre,
L'amour s'exilait à *Cythère*; (1)
Vous y volez chercher LA PAIX,
C'est à vous (*bis*) qu'il remet ses traits.

Le Chœur *reprend d'abord*,

... Vous y volez, etc.

Et *ensuite* recommence,

LE FRANÇAIS jouit bien, etc.... Gloire.

5.°

Le presto de la symphonie.

6.°

LE RETOUR DE LA PAIX.

---

(1) L'île de *Cérigo* est l'ancienne île de *Cythère*.

UNE JEUNE RÉPUBLICAINE.

Chant de la grande ariette d'Arsène : (*Est-il un sort plus glorieux !*)

  Quel jour nous luit ! quel heureux jour !
  LA PAIX vient consoler la terre....
  Aux effrayans combats de guerre,
  Vous succéderez, jeux d'amour !
Reprise... Que sa flamme renaissante
    Récompense nos HÉROS !
    Leur ardeur sera croissante
  Dans le calme d'un doux repos.
  Quel jour nous luit ! etc.... d'amour.

7.º

Le chant du quatuor de Lucile exécuté par l'Harmonie, la première reprise seulement ; si l'on veut la chanter en chœur, l'on employera les paroles suivantes :

Où peut-on être mieux (*bis*) qu'au sein de sa PATRIE ?
   Rentrez Guerriers
   Dans vos foyers ?
   La PAIX, vos LOIS
   Fixent vos DROITS :
   LIBRES, joyeux,
Bis.. Soyons heureux
  Plus que nos bons ayeux.

8.º

HOMMAGE A LA PAIX;

Paroles parodiées sur le chant de la Chasse de *Didon*.

(Chœur des FRANÇAIS et des FRANÇAISES de tout âge.)

Chantons, célébrons la victoire;
Chantons, aimons sur-tout LA PAIX :
L'une sur nous répand la gloire,
L'autre nous comble de bienfaits.

Duo.

UN JEUNE RÉPUBLICAIN ET SON ÉPOUSE.

Si la victoire a quelques charmes,
De LA PAIX c'est l'espoir flatteur :
Sans LA PAIX, le succès des armes
DU PEUPLE serait le malheur !...

Le Chœur.

Chantons, etc.

Duo.

Nouvelle PALME TRIOMPHALE
Qui croît pour nous dans *Albion*,
Va fixer la PAIX GÉNÉRALE,
VŒU DE LA GRANDE NATION.

Le Chœur.

Chantons, etc.

Duo.

SALUT AU VAINQUEUR ITALIQUE,
SALUT A TOUS LES BONS FRANÇAIS :

Vive a jamais la République,
Vivent la Concorde et la Paix.

Le Chœur.

Chantons, etc.

Fin du premier Acte.

ENTR'ACTE.

(Après quelque repos, l'on a chanté le morceau suivant sur l'air de Thésée à Œdipe à Colone, Acte 3.e)

Le cri du sentiment fraternel, hommage aux Républicains Français prisonniers en Angleterre.

Un Républicain.

(*Récitatif.*)

Ministre d'Albion, l'humanité murmure;
Nos prisonniers, sans pain !... C'est combler la mesure !...
Notre premier devoir est de les soulager,
... Le second... est de les venger !

(*Chant mesuré.*)

D'un tyran, touchantes victimes !...
Voyez un terme à tous vos maux. (*bis.*)
Sur l'auteur des plus lâches crimes,
Les Dieux vont lancer leur carreaux.

... Il se lève ce jour prospère
Où nous serons auprès de vous;
Pour vous servir nous aurons tous
Le zèle et le cœur d'un bon frère :
Ce tendre soin sera pour nous
La jouissance la plus chère.

ACTE SECOND.
GUERRE AU GOUVERNEMENT ANGLAIS.
Scènes Républicaines.

1.°

La Bataille de Jemmappe jusqu'aux premières mesures du mouvement de l'*Appel aux Armes*, où l'Orchestre s'est arrêté brusquement (1); et de suite a commencé le Chœur de la Caravane.... (*Aux Armes*), chanté par les Guerriers.

2.°

CRI DE GUERRE.

Aux armes ! aux armes ! aux armes !

―――――――――――――――――――

(1) C'est le moment après que l'Orchestre rend le chant, *Aux Armes, Citoyens*; Il ne doit le dire *qu'une fois*, et s'arrêter.... Le Chœur doit chanter de suite, *Aux Armes*, sur le ton du Chœur de la Caravane.

UN GÉNÉRAL.

(*Récit*, *Basse*.)

D'où naissent ces allarmes?

LE CHŒUR.

Sur l'ANGLAIS unissons nos coups. (*bis*.)
Aux armes! aux armes! aux armes!
Courons tous.

UN ADJUDANT GÉNÉRAL.

(*Récit*, *Haute-contre*.)

GUERRIERS! ce mouvement est d'un heureux présage!...
Bientôt sur ton rivage,
Fière *Albion*!.....

LE GÉNÉRAL.

(*Récit*, *Basse*.)

Ranimons sa fierté,
Son Tyran la redoute, il suffit qu'on l'éclaire...
Allez, PARLEMENTAIRE,
Offrez la LIBERTÉ?...

3.º

Le dernier mot de la GRANDE NATION,
au PEUPLE ANGLAIS.

De suite....   LE PARLEMENTAIRE.

(Sur l'air du Charbonnier de la Belle Arsène)

Voici quel est le caractère
Du généreux PEUPLE FRANÇAIS...
Tu vois, ô *Peuple d'Angleterre*,

Tous ses triomphes, ses succès....
Il t'offre LA PAIX OU LA GUERRE;
Prononce?... LA GUERRE OU LA PAIX. (*bis.*)
De son alliance,
Tu sens la puissance.
Tous les biens qu'elle te promet;
LA PAIX les assure,
Te rend sans mesure
Les droits qu'entre amis on admet;
Déclare à l'instant, sans mystère,
LA LIBERTÉ SUR LES MERS ET SUR TERRE.
Mais......
Si ton horrible Ministère
T'expose aux fureurs de la Guerre :
Vois ton sort,...
Ce doit être une GUERRE A MORT! (*bis.*)
Mais si tu veux nous satisfaire,
Mais si tu veux vivre *en bon Frère*,
Nous serons toujours d'accord...
Oui!... oui!....
Voilà quel est le caractère, etc.

4.°

Le fond du cœur d'un Agent de Pitt; le Trio de la Caravane, (*Que me demandes-tu.*)

(Basse.)
(Un Anglais, agent de PITT.) (UN FRANÇAIS PRISONNIER.) (SON ÉPOUSE FRANÇAISE.)
(Un Chœur de Prisonniers, aux grilles des Prisons.)

L'ANGLAIS.

Que nous propose-t-on! (*bis.*) nous dominons sur l'onde...

LE FRANÇAIS.

Eh quoi! vous voudriez donc commercer seuls au monde!*(bis.)*

L'ANGLAIS.

Sans doute,... et ce sont nos projets;
Le grand obstacle, c'est la FRANCE,
C'est sur-tout SON INDÉPENDANCE.
   Qui force la balance....
Aussi, lord *Pitt* brille en forfaits.

LA FRANÇAISE.

Le Peuple Anglais est donc sans cœur,
S'il souffre ainsi qu'il l'avilisse?

LE FRANÇAIS.

Non? non? ce Peuple a de l'honneur;
Il nous attend pour son supplice....
   Es-tu l'ami de *Pitt*?....

L'ANGLAIS.

   Oui....

LE FRANÇAIS.

      Il trahit sa Patrie!

L'ANGLAIS.

Bon!

LE FRANÇAIS.

      Toi-même l'as trahie!

L'ANGLAIS.

   Bah!

LE CHŒUR, *à demi-voix.*

Quelle impudence !...
Prompte vengeance !

LE FRANÇAIS ET SON ÉPOUSE.
(*En Duo.*)

Peuple Anglais, soyons Frères,
Formons les plus doux nœuds ;
Plus de causes contraires
A nos destins heureux.
Soyons Frères,
Soyons Frères....

L'ANGLAIS.

Non ! non ! non !

LE FRANÇAIS ES SON ÉPOUSE.

Quoi ! rien ne peut nous unir ?

L'ANGLAIS.

Non, non ! rien ne peut nous unir :
Il faut de l'or, du sang pour vous punir.

(*En Trio.*)

L'ANGLAIS.	LE FRANÇAIS ET SON ÉPOUSE.
A vos dépens, *Pitt* veut nous enrichir :	Nous punir ! t'enrichir !
Point de dépit ;	
Devant lord *Pitt*,	
L'Univers doit fléchir,	Nous, fléchir ! nous, fléchir !
Le Français peut fléchir.	Nous, fléchir ! nous, fléchir !

[*En Duo.*]

LE FRANÇAIS seul. | Infame Ministère,
AVEC LA FRANÇAISE. | Opprobre de la terre,
Quoi ! devant toi, devant toi fléchir !
LE FRANÇAIS fléchir !...

L'ANGLAIS seul.

Oui! oui! l'Univers doit fléchir,
A ses dépens, *Pitt* doit nous enrichir...

Ensemble. | En vain, en vain, l'on croit s'en affranchir...

Seul. | Point de dépit,
| Devant Lord *Pitt*.

Ensemble. | Le Français peut fléchir,
| L'Univers doit fléchir.

LA FRANÇAISE seule.
UN FRANÇAIS fléchir!...

LE FRANÇAIS,
SON ÉPOUSE,
Ensemble.

Il a su s'affranchir.

C'est à *Pitt* de fléchir!
C'est à *Pitt* de fléchir!

LE FRANÇAIS.

Écoute!...
Bientôt le VAINQUEUR D'ITALIE
Sur l'Océan étend son bras...

LA FRANÇAISE.

Pour abattre la tyrannie,
Il sait affronter le trépas.

LE FRANÇAIS.

Ministre altier, tu fléchiras?

LA FRANÇAISE.
Et nos fiers Soldats qu'il rallie,
A coup sûr ne fléchiront pas.

LE CHŒUR.
Et le pauvre *George* en démence
Donnera le bal à ses *Lords*.

L'ANGLAIS.

Les flots et les vents, la nature
Sont pour *Pitt*. [Ne l'oubliez pas.] (4 *fois*.)

LA FRANÇAISE.

LA FRANÇAISE.

En Duo.
{
Lorsqu'il l'outrage, elle murmure,
Et ses vengeurs sont nos Soldats.

LE FRANÇAIS.

... Il entend son murmure,
Et ses vengeurs sont nos Soldats.
}

L'ANGLAIS.

Oui, tous les élémens *(bis)* subissent son empire.

LE FRANÇAIS.

Vous l'entendez, FRANÇAIS ! est-il pareil délire ? *(bis.)*

L'ANGLAIS.

Français, Français, depuis longtemps
L'expérience a dû vous en instruire.

LA FRANÇAISE.

Ce vain orgueil devant nos camps,
En peu de jours doit se réduire..,

LE FRANÇAIS.

Nos braves Bataillons....

L'ANGLAIS.

Bah!...

Bis...
{
LE FRANÇAIS.
.... Sauront bien le détruire.
L'ANGLAIS.
Bah!
}

Nous bravons tous leurs efforts.

LE CHŒUR, *à demi-voix.*
Quelle impudence!

LE FRANÇAIS ET SON ÉPOUSE.

Vaillans Compatriotes
Abondez dans nos ports;
Quittez, quittez nos côtes, *(bis.)*
Débarquez sur ces bords,
Débarquez sur ces bords....

LE CHŒUR, *à demi-voix.*

Douce espérance!

L'ANGLAIS.
Bah!
Partez, partez,
Voguez, voguez,...
Venez, venez,
Nous serons les plus forts.

Partez, venez tous sur ces bords,
Venez tous sur ces bords,
Tous sur ces bords.

LE FRANÇAIS ET SON ÉPOUSE.
Duo.

De vos Compatriotes,
Venez changer le sort...
Des monstres, des despotes *(bis.)*
Nous livrent à la mort,
Nous livrent à la mort...

LE CHŒUR, *à demi-voix.*

Prompte vengeance!

L'ANGLAIS.
Bah!
Partez, partez,
Voguez, voguez,...
Venez, venez,
Vous trouverez la mort.

Venez, *voyez quel triste sort!*
Sauvez-nous de la mort,
Oui de la mort.

LE FRANÇAIS.

Bonaparte, sur cette plage,
Viens, répands la vie ou la mort.

L'ANGLAIS.
Abordez tous sur cette plage,
Et vous y trouverez la mort. (*bis.*)

Le Français, son épouse et tous les Prisonniers en Chœur, avec la majorité du Peuple Anglais.

» Anglais, Français, plus d'esclavage !
» La Liberté pleine ou la Mort. » (bis.)

5.º

1ᵉʳ Air d'Husca dans la Caravane, N.º 8.

UN AGENT DE PITT.

Confidence PUNIQUE *de Pitt, au* Directoire *de France.*

Ne tentes pas, Directoire Français,
   D'affranchir la *Tamise* ;
Partages une grande, une grande entreprise,
   Qui terminera nos procès.
   L'univers s'électrise...
   Profitons de la crise,
   Lions nos intérêts ?
   Que l'Europe surprise,
   A nos lois soit soumise....
Eh bien ! eh bien ! vois ma franchise !....
   Regardes, regardes-y de près, (*bis*)   *à la reprise ;*
                                              L'univers, etc.
2ᵉ finale. Dès demain je signe la paix.

Réponse franche du Directoire à Pitt.
        (Sur le même air.)

UN ENVOYÉ.

N'espères plus, Dictateur fourbe et vain,
   Conjurer la vengeance !

Perfide ! perfide ! rends compte à la France
    Des forfaits conçus dans ton sein ?
Reprise.   Ta sinistre influence,
      Ta funeste existence,
      Corrupteur, assassin,
      Ont lassé sa clémence,
      Sa trop longue souffrance.
Entends ces cris !... c'est ta sentence !...
  VENGEANCE, VENGEANCE au genre humain ! *(bis.)*
à la reprise.
La Sinistre, etc.   Tels sont les arrêts du destin.

6.º

Entrevue de PITT et de BONAPARTE sur le bord de la Tamise.

(Chant du Duo d'Iarbe et d'Énée, de l'opéra de Didon.)

(*Récitatif dialogué.*)

PITT.

C'est donc toi que si jeune on prône ?

BONAPARTE.

J'ignore les discours qu'on peut tenir de moi ;...
Mais je sers mon Pays, quand LE PEUPLE l'ordonne.

PITT.

Le Peuple ! est-il donc fait pour commander en Roi ?

BONAPARTE.

LE POUVOIR SOUVERAIN RÉSIDE EN QUI LE DONNE....

PITT.

Quel délire ! est-ce ainsi que l'ont voulu les Dieux ?

BONAPARTE.

Langage des Tyrans, il n'a rien qui m'étonne....
Mais que veux-tu de moi ?

PITT.
    Qui t'amène en ces lieux ?

BONAPARTE.

Qui m'amène en ces lieux ? *LA JUSTICE*! oui c'est elle
 Qui sur ces bords conduit mes pas :
 J'y viens des plus noirs attentats,
Briser enfin sur Pitt la trame criminelle.

PITT.

Arrête ? et connais Pitt !... qui retient donc ton bras ?

BONAPARTE.

 Un despote, ainsi se décèle ;...
Il ne voit qu'assassins !.. *LE FRANÇAIS* ne l'est pas.

(*Chant mesuré.*)

PITT.

Trop fier de ta jeunesse,
D'un renom qui me blesse,
Crois-tu que je me laisse
Vaincre en gloire, en honneur ?

BONAPARTE.

Je n'ai point la bassesse
D'un aussi vil honneur..! (*3 fois.*)

(*Ensemble.*)

BONAPARTE.		PITT.
Crois-tu que je m'abaisse A lutter de grandeur ?	} Bis. {	Crois-tu que je m'abaisse A lutter de grandeur ?

PITT.

Faible, éphémère idole
D'un Peuple ivre et frivole,
 Tu braves Albion...!

BONAPARTE.

A mon âge, on excelle
A servir avec zèle
LA GRANDE NATION.

PITT.

Ce grand nom n'est qu'emphase,
Sans la solidité.

BONAPARTE.

Ce grand nom a pour base
ÉQUITÉ, LIBERTÉ.

PITT.

Dans peu d'instans, j'espère,
Qu'à la fière Angleterre,
Ni sur mer ni sur terre,
Nul ne fera la loi.

BONAPARTE.

Dans peu d'instans, j'espère,
Soumettre l'Angleterre,
Et sur mer et sur terre,
A l'ÉTERNELLE LOI.

(Ensemble)

BONAPARTE.	PITT.
Dans peu d'instans, peut-être,	Dans peu d'instans, peut-être,
Je te ferai connaître	Je te ferai connaître
Si les mers ont pour maître	Si les mers ont pour maître
Un forban tel que toi !	Ta République ou moi.

7.º

LE DÉBARQUEMENT.

*Le Chœur de Didon, acte II, page 184 de la partition,
sur les paroles suivantes.*

BONAPARTE, sur la plage.	Des Français et des Françaises aux grilles des prisons de Pitt.	Les guerriers dans les vaisseaux français.
. . . .	Abordez la plage,	Aux armes, Abordons la plage, Aux armes, aux armes !
. . . .	Voguez au rivage ;	Gagnons le rivage,

JEUNE HÉROS délivrez-nous.

Débarquons tous,
Descendons tous,
Descendons tous,
Aux armes, 3 fois
Allons à la nâge,
Vers le GÉNÉRAL, vers la plage

Que Pitt tombe enfin sous vos coups.
2 fois (alternatifs)
Que Pitt tombe enfin,
2 fois (alternatifs)

Que Pitt tombe enfin sous nos coups.
2 fois.
Que Pitt tombe enfin,

(Ensemble 2 fois alternatif)

Que Pitt tombe enfin sous { vos / nos } coups.

Transports éclatans,
Pleins de charmes,
Je vais diriger tous vos coups.
Aux armes,
Aux armes.

Aux armes, aux armes,
Aux armes, aux armes.
GRAND GÉNÉRAL
Dirigez-nous.

GRAND GÉNÉRAL délivrez-nous,

BRAVES FRANÇAIS descendez tous
GRAND GÉNÉRAL délivrez-nous,

Descendez tous,
Débarquez tous,
Je vais diriger tous vos coups.

Que Pitt tombe enfin sous nos coups.

Débarquons tous,
Débarquons tous,
BONAPARTE dirigez-nous,
Que Pitt tombe enfin sous no coups.

BRAVES GUERRIERS
Débarquez tous,
Débarquez tous.

BRAVES GUERRIERS
Délivrez-nous,
Délivrez-nous.

BONAPARTE
Dirigez-nous,
Dirigez-nous.

8.°

APRÈS le Chœur, un Guerrier chante le Couplet de l'Hymne sacré :

Tremblez tyrans &c.

(Ensuite lentement et en Chœur.)
Amour sacré de la Patrie, &c.

(Le refrein plus animé.)

9.°

Après les acclamations, l'Orchestre a représenté la Bataille de Jemmappe.

Aux premières mesures du Pas de charge, jusqu'à la fin

F I N.

www.ingramcontent.com/pod-product-compliance
Lightning Source LLC
Chambersburg PA
CBHW070526050426
42451CB00013B/2871